BEI GRIN MACHT SICH IHR WISSEN BEZAHLT

AF150135

- Wir veröffentlichen Ihre Hausarbeit,
  Bachelor- und Masterarbeit

- Ihr eigenes eBook und Buch -
  weltweit in allen wichtigen Shops

- Verdienen Sie an jedem Verkauf

Jetzt bei www.GRIN.com hochladen und kostenlos publizieren

Jennifer von Burg

Vorlesungsmitschrift zu Makroökonomie: Grundbegriffe

2. Semester

GRIN Verlag

Bibliografische Information der Deutschen Nationalbibliothek:

Die Deutsche Bibliothek verzeichnet diese Publikation in der Deutschen National-bibliografie; detaillierte bibliografische Daten sind im Internet über http://dnb.d-nb.de/ abrufbar.

Dieses Werk sowie alle darin enthaltenen einzelnen Beiträge und Abbildungen sind urheberrechtlich geschützt. Jede Verwertung, die nicht ausdrücklich vom Urheberrechtsschutz zugelassen ist, bedarf der vorherigen Zustimmung des Verlages. Das gilt insbesondere für Vervielfältigungen, Bearbeitungen, Übersetzungen, Mikroverfilmungen, Auswertungen durch Datenbanken und für die Einspeicherung und Verarbeitung in elektronische Systeme. Alle Rechte, auch die des auszugsweisen Nachdrucks, der fotomechanischen Wiedergabe (einschließlich Mikrokopie) sowie der Auswertung durch Datenbanken oder ähnliche Einrichtungen, vorbehalten.

Impressum:

Copyright © 2013 GRIN Verlag GmbH
Druck und Bindung: Books on Demand GmbH, Norderstedt Germany
ISBN: 978-3-656-84865-3

Dieses Buch bei GRIN:

http://www.grin.com/de/e-book/284588/vorlesungsmitschrift-zu-makrooekonomie-grundbegriffe

GRIN - Your knowledge has value

Der GRIN Verlag publiziert seit 1998 wissenschaftliche Arbeiten von Studenten, Hochschullehrern und anderen Akademikern als eBook und gedrucktes Buch. Die Verlagswebsite www.grin.com ist die ideale Plattform zur Veröffentlichung von Hausarbeiten, Abschlussarbeiten, wissenschaftlichen Aufsätzen, Dissertationen und Fachbüchern.

Besuchen Sie uns im Internet:

http://www.grin.com/

http://www.facebook.com/grincom

http://www.twitter.com/grin_com

Makro

Messung des Volkseinkommens

- **BSP** = wie BIP nur dass alles von **Inländern geschaffen** ist
- **BIP** = Wert der für den Endverbrauch bestimmten Güter & Dienstleist. , welche in
  einer Zeitperiode im **Inland** produziert werden.
  = Summe des auf jeder Produktionsstufe geschaffenen Mehrwerte
  (Wertschöpfung)
  →misst Gesamtheit der Güter und Dienstleistungen, die in einer Periode produziert
  wurden

→ Wert des geschaffenen Outputs – Wert der Vorprodukte, um diesen Output zu erzeugen

- Berechnung des BIP:
  Entweder man geht von der <u>Gesamtausgabe</u> (Verwendung) der Haushalte aus, oder des
  <u>Gesamteinkommens</u> (Verteilung), oder aber vom <u>Wert der produzierten Gütern</u>
  (Entstehung)
  siehe S. 7 im Skript

  → Gewinne werden bei Verteilung dazu gerechnet, weil die Unternehmen den Haushalten
  gehören.

- Bestandteile des BIP (**Y**): → *BIP der Verwendung!*

  - Konsum / Privater Verbrauch (**C**)
  - Investition (**I**)   → 4 Bestandteile d. BIP
  - Staatsausgaben (**G**)
  - Nettoexporte (**NX**) →Exporte – Importe

    → **Y = C + I + G + NX**
    (von der *Verwendung* her betrachtet)

  Im BIP <u>nicht</u> enthalten sind *nichtgehandelte Güter (Produktion des Haushaltes für den
  Haushalt)*

  Es gibt <u>Ungenauigkeiten</u>:
  - Gütern ohne Marktpreis (öffentl. Verwaltung) gehen zu Produktionskosten in das
    BIP ein.
  - Güter des informellen Sektors (z.B. Schwarzmarkt) werden geschätzt

- Schattenwirtschaft: Alle wirts. Aktivitäten, welche ins offiziell kalkulierte BIP eingehen,
  jedoch nicht registriert werden.

- **reales BIP:** bewertet die Produktion von Gütern und Dienstleistungen zu <u>den Preisen
  eines festgelegten Jahr (Basisjahr)</u>
  → um Effekt von Preissteigerungen auszuschließen.
  → irgendein Jahr (Preise) für alle zu berechnenden Jahre verwenden
  → Basisjahr (festgelegter Preis) <u>ABER</u> aktuelle Mengen

- **nominales BIP:** bewertet den Output von Gütern und Dienstleistungen zu <u>laufenden Marktpreisen</u> (aktuelle Preise & aktuelle Mengen)
  → kann sich erhöhen, weil die Preise steigen und/oder weil die (reale) Produktion zugenommen hat.

- **BIP-Deflator:** <u>Veränderung</u> zeigt, wie viel die Zunahme des nominalen BIP eine Folge von Preiserhöhung ist. *(Veränderung der Preise, Inflationsrate)*
  → *misst das Preisniveau einer Volkswirtschaft*

  → BIP-Deflator = $\dfrac{\text{nominales BIP}}{\text{reales BIP}}$ x 100

  - <u>Veränderung im realen BIP</u>: zeigt, um wie viel die Wirtschaftsleistung gewachsen ist *(Veränderung der Menge, Wirtschaftswachstum)*
  - <u>Veränderung im nominalen BIP</u>: (etwa) die Summe aus Preisänderung und Änderung in der Wirtschaftsleistung.

  → Veränderung zum Vorjahr: $\dfrac{\text{neues Jahr} - \text{Vorjahreswert}}{\text{Vorjahreswert}}$ x 100

  → **Pro-Kopf-BIP** ist das beste verfügbare Einzelmaß für den ökonomischen Wohlstand der Bevölkerung.
  → Gibt das <u>durchschnittliche Einkommen</u> der Bevölkerung an und misst deshalb den Lebensstandard der Bevölkerung

- Nachteile des BIP:
  - Wert der Freizeit wird nicht erfasst
  - Qualität der Umwelt wird nicht erfasst
  - Wert der Güter, die im Haushalt hergestellt werden, wird nicht erfasst
  - es wird nichts über die Verteilung ausgesagt
  - es wird nichts darüber gesagt, was produziert wird
  → kein perfekter Maßstab

Messung der Lebenshaltungskosten

- **Inflation**: Anstieg des allg. Preisniveaus der Volkswirtschaft
- **Inflationsrate**: prozentuale Veränderung des Preisniveaus gegenüber der Vorperiode
  - Berechnung: Inflationsrate im Jahr 2 = $\dfrac{\text{Index Jahr 2} - \text{Index Jahr 1}}{\text{Index Jahr 1}}$ x100

- **Verbraucherpreisindex**: (VPI) Messgröße für die Preisentwicklung
  - misst die Preisveränderung der Güter und Dienstleistungen, die von einem „typischen" Haushalt konsumiert werden.
  - wird monatlich vom Statistischen Bundesamt errechnet
  - wird verwendet, um Veränderung der Lebenshaltungskosten im Zeitablauf festzustellen.
  - 4 Schritte zur <u>Berechnung</u> des VPI:
    - o *Festlegung des Warenkorbes (= veränderte Konsumeigenschaft)*
    - o *Ermittlung von Preisen (von jedem Gut und jeder Dienstleistung zu vers. Zeitpunkten)*

- o *Preis des Warenkorbs*
- o *Auswahl eines Basisjahres*

- **Probleme (Nachteile d. Inflationsrate über VPI)** bei der Messung der Lebenserhaltungskosten (VPI)
  - o <u>Substitutionsverzerrungen</u>
    - ❖ Konsumenten ersetzen relativ teure Güter durch relativ billig gewordene Güter (Butter – Margarine)
    - ❖ Index kann die Reaktion der Konsumenten nicht erfassen
  - o <u>Einführung neuer Güter</u>
    - ❖ Warenkorb reflektiert Einführung neuer Güter nicht (sofort)
    - ❖ Neue Güter = größere Auswahl → Wert des Geldes erhöht sich
  - o <u>Nicht erfasste Qualitätsänderungen</u>
    - ❖ man muss Qualitätsänderungen /-verbesserungen mithilfe von vers. Methoden (z.B. „hedonische Methode") berücksichtigen
      → z.B. bei Sonderausstattung eines Autos, kauft nicht jeder diese Sonderausstattung, deshalb werden diese zusätzl. Kosten bspw. nur mit 50% berücksichtigt
  - **→ führen alle dazu, dass die aktuelle Inflationsrate überschätzt wurde.**

(BIP enthält nicht viele Informationen über die Lebenserhaltungskosten)
- man muss oft eine **Inflations-/ oder Kaufkraftbereinigung** machen, um zu sehen wie die Preise/ Gehälter usw. sich im Verhältnis zu heute entwickelt haben:

$$\text{Zeitpunkt}_{heute} = \text{Zeitpunkt}_{xy} \times \frac{\text{Preisniveau (VPI) „heute"}}{\text{Preisniveau (VPI) „xy"}}$$

- ▪ **Indexierung** erlaubt uns, Kontrakte an die Entwicklung des Preisniveaus anzupassen, um die Kaufkraft konstant zu halten und Umverteilungseffekte zu vermeiden.

- ▪ **Reale und nominale Zinsen:**
  <u>nominaler Zinssatz „i"</u>: Zinssatz, der üblicherweise ausgewiesen wird (Bankzinssätze)
  <u>realer Zinssatz „r"</u>: der um die Auswirkungen der <u>Inflation „π"</u> bereinigte Zinssatz.

$$r = i - \pi$$

Wachstum

- • Wachstum reduziert Armut und erhöht den Lebensstandard
- • Der Lebensstandard gemessen am realen Pro-Kopf-BIP ist bestimmt durch die Produktivität
- • Produktivität: Menge der pro Arbeitsstunde hergestellten Waren & Dienstleistungen
- • Unterschiede im Lebensstandard → durch unters. Produktivität
- • Bestimmungsfaktoren d. Produktivität:
  - Realkapital pro Arbeitskraft (Maschinen, Fahrzeuge, Gebäude)
  - Humankapital pro Arbeitskraft (dieses Wissen stirbt mit d. Menschen)
  - natürliche Ressourcen pro Arbeitskraft (Wälder, Erdöl)
    → menschl. Erfindergeist führt dazu, dass natürliche Ressourcen eig. nicht knapp werden
    → Rohstoffreiche Länder sind ärmer als rohstoffarme Länder
    (the paradox of plenty)

- technologisches Wissen pro Arbeitskraft (Wissen, welches in Büchern steht)
- **Produktionsfunktion**: um Zusammenhang zw. den Mengen der Inputs und der Menge des Outputs darzustellen

Y = A * F(L,K,H,N)

Y= Outputmenge
A= Technologie
L= Menge an Arbeit(skräften)
K= Menge an Realkapital
H= Menge an Humankapital
N= Menge an natürlichen Ressourcen
F( )= funktionelle Beziehung zw. Inputs und Output.

→ konstante Skalenerträge (Verdoppelung der Inputs = Verdoppelung des Outputs)
→ Y/L = Lebensstandard, BIP pro Kopf

- Regierungen können Produktivität und Wirtschaftswachstum fördern durch:
    - Förderung von Ersparnisbildung & Investitionen (Realkapital erhöhen)
    → nur wenn gespart wird, kann investiert werden
    - Förderung von Investitionen aus dem Ausland (Realkapital)
    - Förderung von Bildung und Ausbildung (Humankapital)
    - Schaffung sicherer Eigentumsrechte und politische Stabilität
    - Förderung von Freihandel
    - Förderung von Forschung und Entwicklung (Technologien & Humankapital)

- **abnehmende Grenzerträge & Catch-up-Effekt:**
    - wenn Kapitalbestand steigt (Akkumulation des Kapitals), dann sinkt der Output, der mit einer zusätzlichen Einheit von Kapital gewonnen wird. → Grenzertrag des Kapitals sinkt
    - abnehmender Grenzertrag des Kapitals = höhere Spar- & Investitionstätigkeit lässt Wachstumsrate nur vorübergehend steigen.
    → langfristig steigen durch höhere Ersparnis nur Produktivität & Einkommen aber nicht Wachstumsrate (S. 49)
    - aus dem abnehmenden Grenzertrag ergibt sich der Catch-up-Effekt
    - bei niedrigem Kapitalbestand pro Arbeitskraft ist die Produktivität des zusätzlich investierten Kapitals relativ hoch
    → Bei wenig Realkapital: viel Produktionsanstieg
    → Bei viel Realkapital: wenig Produktionsanstieg
    → Durch Investition große Wachstumsrate

- **Auslandsinvestitionen:**
    - Regierungen können durch die Förderung von Investitionen aus dem Ausland den Bestand an Realkapital erhöhen.
    - *Ausländische Direktinvestition:*
    Aufbau neuer Produktionsstätten oder Beteiligung und Übernahme inländischer durch ausländische Unternehmen.
    - *Ausländische Portfolioinvestition:*
    Investition in Wertpapiere (Aktien, Anleihen)

- Ausbildung:
  - mind. genauso wichtig für den wirts. Erfolg wie Investition in Realkapital
  - → Investition, weil ein zukünftiger Ertrag abgeworfen wird.
  - Ausbildung verursacht wichtige pos. Externalitäten

- Gesundheit und Ernährung:
  - gesündere Arbeitskräfte sind produktiver → richtige Investitionen in Gesundheit und Ernährung führen zu einer höheren Produktivität
  - in armen Ländern gibt es einen Teufelskreis; Länder sind arm, weil die Bevölkerung schlechten Gesundheitszustand aufweist. → Deshalb bleibt Produktivität niedrig und die Länder bleiben arm.

- Eigentumsrechte und polit. Stabilität:
  - in manchen Ländern gibt es willkürliche Enteignungen→ Kapitalflucht
  - politische Instabilität stellt eine Bedrohung für Eigentumsrechte dar.

- Freihandel:
  - führt langfristig zu mehr Wohlstand
  - „Inward-looking-development": Abschottung vom Welthandel durch Importsubstitution.
  - „Outward-looking-development": Integration in den Welthandel
  - Durch Integration in den Welthandel, bessere Entwicklungsmöglichkeiten bietet.
→ niedriger Lebensstandard; großes Wachstum → fehlender Zugang zu Verhütungsmitteln

Finanzsystem: Sparen und Investieren

- Finanzsystem: besteht aus Institutionen, welche Ersparnisse von Sparern zu Schuldnern kanalisieren.
- Finanzmärkte: (Aktienmarkt, Anleihenmarkt) sind Institutionen, wo Sparer und Kreditnehmer direkt aufeinandertreffen.
  - *Anleihe*: verspricht best. Summe Geld zu einem best. Zeitpunkt (Fälligkeit) zu zahlen & während der Laufzeit ist best. Zins zu entrichten.
    - o Zugang haben i.d.R. öffentl. Haushalte und große Unternehmen
    - o Anleihen werden während ihrer Laufzeit am Anleihemarkt zu flexiblen Preisen gehandelt
  - *Aktie*: ist ein Eigentumsanteil an einem Unternehmen.
    - o Preis der Aktie (Kurse) ergibt sich durch den Handel an Aktienbörsen & wird bspw. von Gewinnerwartungen beeinflusst (KGV; Kursgewinnverhältnis)
- Finanzintermediäre: vermitteln zwischen Sparern und Kreditnehmern
  - wichtigste Finanzintermediäre sind Banken.
  - sie nehmen Einlagen von Sparern an und vergeben die Einlagen als Kredite → sie zahlen Zinsen auf Einlagen und erhalten etwas höhere Zinsen auf Kredite. → Differenz zw. diesen Zinssätzen deckt die Kosten der Banken und erbringt die Gewinne.
  - andere Finanzintermediäre:
    - o Pensionsfonds
    - o Versicherungen
    - o Investmentgesellschaften

- o Investmentfonds

- **wichtigste Identitäten:**
  - BIP einer geschlossenen Volkswirtschaft:

  $Y = C + I + G + \cancel{NX}$
  $I = Y - C - G$
  $S = Y - C - G$
  → $S = I$ → Ersparnis = Investitionen (muss in geschlossener Volkswirtschaft immer gelten)
  → jeder € der gespart wird, muss investiert werden & jeder € der investiert wird, muss gespart werden.

  T = Steuern
  - o öffentl. Ersparnis: T – G
  - o private Ersparnis: Y – T – C

  → T – G: Budgetüberschuss (T – G > 0) oder Budgetdefizit (T – G < 0)

- $S = I$
  - Investitionen (Sachinvestitionen) werden durch Ersparnisse finanziert
    → Deshalb müssen für die Volkswirtschaft als Ganze Ersparnisse und Investitionen übereinstimmen
  - wir haben <u>nur einen Finanzmarkt: Kreditmarkt</u>
  - alle Sparer legen auf diesem Markt ihre Ersparnisse an (Angebot an Krediten)
  - alle Schuldner erhalten auf diesem Markt ihre Kredite (Nachfrage der Investoren nach Krediten)
  - <u>realer Zinssatz</u> = Preis für die Kredite

- Einflüsse staatlicher Maßnahmen auf Spar- und Investitionstätigkeit
  - *Steuern und Ersparnis*:
    - o Steuern auf Zinsen verringern die zukünftigen Erträge von Ersparnissen und damit den Anreiz zum Sparen
    - o Damit können weniger Investitionen finanziert werden
    - o dies wiederum hat Rückwirkungen auf Produktivität und Lebensstandard
    - o →Verringerung der Steuern auf Zinsen erhöht die Spar- und Investitionstätigkeit
    → Wenn die Steuergesetzgebung Ersparnisbildung fördert, werden in der Folge Zinsen tendenziell fallen und Investitionen tendenziell zunehmen
  - *Steuern und Investitionen:*
    - o erhöhen d. Nachfrage nach Krediten
    - o verschieben die Nachfragekurve nach rechts
    - o erhöhen d. Zinsen & d. Spartätigkeit
  - *Staatliche Budgetdefizite & -überschüsse:*
    - o wenn Regierung ihr Haushaltsdefizit über Kredite finanzieren, stehen weniger Mittel für private Investitionen zur Verfügung
      → Rückgang d. Invest. = Crowding-out (Verdrängungseffekt)
      → Das staatl. Haushaltsdefizit hat private Investitionen verdrängt (Wachstum, Produktivität & BIP werden verringert)
    - o Budgetdefizit verringert d. Angebot an Krediten, welche d. Privatsektor zur Verfügung stehen

→dadurch verschiebt sich die Angebotskurve nach links, die Marktzinsen steigen und das Kreditvolumen sinkt.
- o Budgetüberschuss: erhöht d. Angebot an Kreditmitteln (Kreditangebot), verringert d. Zinssatz & erhöht d. Investitionen
- o Budgetdefizit: senkt d. Angebot an Kreditmitteln, erhöht den Zinssatz (Marktzinsen steigen) & senkt d. Investitionen (Kreditvolumen verringert sich)
  → Staatsausgaben nehmen in Kriegszeiten substanziell zu; dieses reduziert die gesamtwirts. Ersparnis
  $$S = (Y - T - C) + (T - G)$$
- Budgetdefizite und öffentl. Verschuldung:
  - o Budgetdefizite erhöhen die Staatsverschuldung
  - o seit den 1970-Jahren ist die Staatsverschuldung in DE sowohl absolut, als auch in Prozent des BIP rapide angestiegen
  - o die Wiedervereinigung hat dazu stark beigetragen

- **Europäischer Fiskalpakt**
  - am 2. März 2012 von allen EU-Mitgliedern (exkl. UK & Tschechien) unterzeichnet
  - Schritt in Richtung Fiskalunion (=Fiskalunion verfügt über gemeinsame Institutionen, die befugt sind, mittels der Beeinflussung von Steuern und Staatsausgaben Fiskalpolitik zu betreiben und so zum Beispiel regionale und konjunkturelle Schwankungen auszugleichen)
  - umfasst folgende Regeln:
    - o jährl. strukturelles Defizit max. 0.5% d. BIP
    - o muss im nationalen Recht verankert werden
    - o Verpflichtungen zur Verringerung d. Schulden bis zu individuell vereinbarten Grenzen.

Die natürliche Arbeitslosenquote

- **Messung der Arbeitslosigkeit:**
  - Zahl ergibt sich anhand der Zahl der bei der Bundesagentur für Arbeit als arbeitslos gemeldeten Menschen
  - Statistisches Bundesamt konzentriert sich auf die „ökonomische" Arbeitslosigkeit. Grundlage ist ein international standardisiertes System (ILO) zur Erfassung des Erwerbsstatus

    → Einwohner werden unterteilt in:
    - o Erwerbspersonen (Erwerbstätige; Beschäftigte / Erwerbslose; Arbeitslose)
    - o Nicht-Erwerbspersonen (Kinder, Rentner, Studenten)
- **Berechnung der Arbeitslosenquote:**
  = $\frac{\text{Arbeitslose}}{\text{Erwerbspersonen}}$ x 100
  Stand Feb. 2013: 7.5%

- **Probleme** bei der Interpretation der Daten:
  - *Unterschätzung* von Arbeitslosigkeit („verdeckte Arbeitslosigkeit")

- o Pers., die arbeiten möchten, aber nicht arbeitslos gemeldet sind („stille Reserve")
- o Teilnehmer an Arbeitsbeschaffungsmaßnahmen → Umschulungen (ca. 1 Mio.)
- o Kurzarbeiter
- o unfreiwillige Teilzeitarbeiter
- *Überschätzung* des Problems
  - o Pers., die arbeitslos gemeldet sind, aber nicht arbeiten wollen
  - o Schwarzarbeit (informeller Sektor)
- **Dauer** d. Arbeitslosigkeit:
  - Die meisten Arbeitslosen sind kurzfristig arbeitlos
  - steigender Anteil an Arbeitslosen ist „langzeitarbeitslos"
  - Langzeitarbeitslosigkeit = Arbeitslosigkeit > ein Jahr

- **Struktur** d. Arbeitslosigkeit:
  - *natürliche/ strukturelle Arbeitslosigkeit* oder *Sockelarbeitslosigkeit* (langfristiges Problem)
    - o derjenige Teil d. Arbeitslosigkeit, der auch langfristig nicht abgebaut wird
    - o ist die Arbeitslosigkeit, die in der Wirtschaft „normalerweise" vorhanden ist.
  - *zyklische Arbeitslosigkeit* (kurzfristiges Problem)
    - o bezieht sich auf die kurzfristigen (zyklischen) Schwankungen der Arbeitslosigkeit um die natürliche Rate
    - o Wird durch die kurzfristigen Bewegung des Wirtschaftszyklus hervorgerufen
    - o konjunkturell bedingt (in der Rezession; hohe Quote & im Boom; niedrige Quote)
- **Gründe** für d. Arbeitslosigkeit:
  - In einem idealen Arbeitsmarkt würde durch Lohnanpassungen ein Gleichgewicht zwischen Nachfrage und Angebot hergestellt werden, sodass alle Personen voll beschäftigt wären, welche zu diesem Gleichgewichtslohn arbeiten wollen.
    → Es gäbe keine unfreiwillige Arbeitslosigkeit; es wären nur Menschen arbeitslos, die zu diesem Lohn nicht arbeiten wollen.

  - 4 mögliche Gründe, weshalb Arbeitsmarkt vom Ideal d. Vollbeschäftigung abweicht:
    - o *Mindestlöhne & Sozialversicherung*
      - ➤ Angebotsüberschuss & Nachfrageunterschuss; Arbeitslosigkeit
      - ➤ Bei Sozialversicherungsleistungen gleicher Effekt, wenn das Lohnabstandsgebot nicht eingehalten wird
      - ➤ Wenn die Nettolöhne nahe bei den Sozialversicherungsleistungen liegen, haben Arbeitslose wenig Anreiz, eine Beschäftigung mit niedriger Bezahlung aufzunehmen
    - o *Gewerkschaften*
      - ➤ handeln mit Arbeitgebervereinigungen Löhne und Arbeitsbedingungen aus

- ➢ Falls diese Löhne über den Gleichgewichtslöhnen liegen, entsteht Arbeitslosigkeit (durch Ausbleiben/Verringerung der Nachfrage)
- ➢ Kritiker sagen, dass gewerkschaftl. Aktivitäten zum ineffizienten Einsatz von Arbeit beitragen und Ungleichheiten verursachen
- ➢ Gewerkschaften sind Insider, welche die Beschäftigten vertreten und wenig Rücksicht auf Arbeitslose zu nehmen brauchen
- ➢ Gewinne der organisierten Arbeitnehmerschaft werden auf Kosten der Arbeitslosen erkauft
- ➢ Befürworter sagen, dass Gewerkschaften ein notwendiges Gegengewicht zur Marktmacht der Unternehmen sind & dass Gewerkschaften dabei helfen, dass Unternehmen effektiv und effizient auf die Probleme der Arbeitnehmer eingehen
- o *Effizienzlöhne*
  - ➢ sind Löhne, die über den Gleichgewichtslöhnen liegen
  - ➢ Unternehmen zahlen Effizienzlöhne, um die Produktivität der Arbeitnehmer zu erhöhen
  - ➢ Theorie der Effizienzlöhne besagt, dass Arbeitskräfte effizienter arbeiten, wenn die Löhne über den Gleichgewichtslöhnen liegen
  - ➢ Gründe für Effizienzlöhne:
    - ▪ weniger kostspielige Arbeitsplatzwechsel, wenn Arbeitnehmer länger im Betrieb arbeiten
    - ▪ die Motivation der Arbeitnehmer und deren Produktivität steigt
    - ▪ die Qualität der Arbeitnehmer nimmt zu, weil sich besser qualifizierte Kandidaten bewerben
  - ➢ Theorie basiert auf asymmetrischen Informationen
  - ➢ Asymmetrische Infos entstehen, weil ein Marktteilnehmer über mehr Infos als ein anderer verfügt (Arbeitgeber vs. Arbeitnehmer)
  - ➢ lückenlose Überwachung des Arbeitnehmers ist nicht möglich
  - ➢ Arbeitnehmer kann also in gewissen Umfang selbst bestimmen, wie viel er arbeitet
  - ➢ Arbeitgeber zahlt Effizienzlöhne, um Arbeitnehmer zu motivieren
- o *Sucharbeitslosigkeit (friktionelle Arbeitslosigkeit)*
  - ➢ Arbeitsplatzsuche ist der Prozess, in dem Arbeitskräfte die zu ihren Fähigkeiten und Neigungen passende Arbeitsplätze finden
  - ➢ Sucharbeitslosigkeit ist unvermeidlich wegen der Veränderung der Nachfrage nach Arbeit in Industrien und Regionen (sektorale Veränderung)
  - ➢ Arbeitskräfte brauchen Zeit, einen Arbeitsplatz zu finden
  - ➢ Regierung kann durch verbesserte Arbeitsvermittlung und Ausbildung der Arbeitskräfte Einfluss darauf nehmen, wie lange es dauert, eine geeignete Stelle zu finden
  - ➢ Arbeitslosenversicherung erhöht Sucharbeitslosigkeit, denn sie verringert die Intensität der Suche nach Stellen, verbessert jedoch die Voraussetzungen dafür, dass jeder den am besten für ihn passenden Arbeitsplatz findet

- Gründe für steigende Arbeitslosigkeit in Europa:
  - exogener Schock: technologischer Fortschritt hat die Nachfrage nach qualifizierten Arbeitern erhöht und die nach ungelernten vermindert.
  - Folge in den USA: Lohnschere zw. gelernten und ungelernten Arbeitern hat sich weiter geöffnet
  - Folge in Europa: höhere Arbeitslosigkeit, da sich Löhne nicht so schnell oder gar nicht anpassen (Gewerkschaften) und großzügige Sozialleistungen attraktiver erscheinen können.

→ gewisses Maß von Arbeitslosigkeit ist unvermeidlich (Sucharbeitslosigkeit)
→ länger dauernde strukturelle/natürliche Arbeitslosigkeit entsteht durch die Fixierung von Löhnen über dem Gleichgewichtsniveau (Regierung oder Gewerkschaften), durch Sozialversicherungen, welche ein Absinken der Löhne verhindern oder durch Effizienzlöhne

Das monetäre System

- Geld = wirtschaftliches Gut, das gewisse Bedürfnisse befriedigt und dabei drei Funktionen erfüllt:
  - *Zahlungsmittel*
    - o wird universell anerkannt
    - o Alternative wäre d. Naturaltausch
  - *Recheneinheit*
    - o als Recheneinheit erlaubt Geld, ökonomische Werte zu messen und zu vergleichen (Wertmaßstab)
  - *Wertaufbewahrungsmittel*
    - o erlaubt es, Kaufkraft von der Gegenwart in die Zukunft zu verlagern
- Liquidität = ist die Leichtigkeit, mit der ein Aktivum in ein Tauschmittel umgewandelt werden kann
- Arten von Geld:
  - *Warengeld*: nimmt die Form einer Ware an. Der Wert des Geldes ist gleich dem intrinsischen Wert der Ware (Gold, Silber, Zigaretten, Muscheln)

    (→ intrinsischer Wert der Ware = Preis aufgrund der inneren Eigenschaften des Guts oder der Dienstleistung)

  - *Geld ohne intrinsischen Wert*: heutige Banknoten, Münzen
- Geld in der modernen VW:
  - Bargeld: Scheine und Münzen im Umlauf
  - Bankeinlagen mit hoher Liquidität

- Das europäische System der Zentralbank (ESZB):
  besteht aus…
  - der Europäischen Zentralbank (EZB) mit Sitz in Frankfurt
  - den nationalen Zentralbanken
- Aufgaben der EZB:
  - *Sicherung der Preisstabilität* (Inflationsrate unter 2%) ist das vorrangige Ziel
  - *Unterstützung der allg. Wirtschaftspolitik der Europäischen Union*, soweit das mit dem Ziel der Preisstabilität vereinbar ist (z.B. Staatsanleihen der Krisenländer kaufen)

- **Struktur** der EZB:
  Unabhängigkeit von polit. Weisungen bedeutet…
    - Die Zentralbank kann die Geldpolitik *ohne politische Weisung selbstständig* durchführen
    - Kann sich *weigern, die Haushaltsdefizite der Regierungen zu finanzieren.*

- Das partielle Reservesystem
    - *Reserven* sind Einlagen, welche Banken nicht weiterverliehen haben
    - in einem *partiellen Reservesystem* halten Banken nur einen bestimmten Prozentsatz ihrer Einlagen als Reserven, der Rest wird ausgeliehen (Kredite)
    - Der *Reservesatz (R)* bezieht sich somit auf das Verhältnis von Bankreserven zu Einlagen
      → Wenn Bank 50% als Reserve behält ist der Reservesatz = 0.5
- Geldschöpfung der Banken
    - Wenn Bank Geld ausleiht (Kredit vergibt), dann wird dieser Kredit in der Regel bei einer anderen Bank als Einlage einbezahlt.
    - Damit werden bei der 2. Bank Reserven geschaffen, welche wiederum verliehen werden können
    - Wenn die 2. Bank einen Kredit vergibt, wird Geld geschaffen
      → ein großer Teil der Geldschöpfung läuft über die Kreditvergebung
- Der Geldschöpfungsmultiplikator
    - Wie viel Geld geschaffen wird, hängt vom Reservesatz ab; wenn der Reservesatz steigt, bleiben weniger Mittel für die Kreditvergabe und damit für die Geldschöpfung zu Verfügung
    - Geldschöpfungsmultiplikator $= \frac{1}{R}$
    - *ist die Geldmenge, welche das Bankensystem mit einem Euro Reserven generiert.*
    - ist das theoretische Maximum, das geschaffen werden kann

→ Mindestreserve der EZB: 1%; je höher die Mindestreserve, desto weniger Kredite werden vergeben und desto weniger Geldschöpfung wird erreicht!

- Die geldpolitischen Instrumente der EZB:
  Die EZB beeinflusst die Geldmenge mithilfe dieser Instrumente…

    - *Offenmarktgeschäfte* (Hauptinstrument)
        - Die verfügbare Geldmenge wird beeinflusst
        - Ein Verkauf von Wertpapieren durch die EZB verkleinert die Geldmenge, Geld fließt von der Wirtschaft zur EZB & die zirkulierende Menge verringert sich (keine Vermögensveränderung bei den Anlegern)
        - EZB bestimmt die Geldmenge im Wesentlichen durch Offenmarktgeschäfte

    - Änderung der Zinsen der *ständigen Fazilitäten*, Bereitstellung und Absorption von Liquidität über Nacht.
      → Spitzenrefinanzierungsfazilität, Einlagefazilität
    - Änderung der Mindestreserveanforderungen (*Mindestreservesätze*)

- Probleme der Geldmengensteuerung:
  - entscheidend für die Preisniveauentwicklung sind die erweiterten Geldmengen, welche alle Geldmittel enthalten, mit denen Zahlungen geleistet werden können
  - die EZB kann nur das Zentralbankgeld (Geldbasis) und nicht erweiterte Geldmengen wie M3 erweitern (siehe S. 97)
  - das Problem entsteht wegen der *fraktionelle Reservehaltung:*
    - ➢ Der Geldschöpfungsmultiplikator und damit die Geldmenge hängen vom Verhalten von Öffentlichkeit und Banken ab – von der Überschussreserve der Banken und der Bargeldhaltung der Öffentlichkeit
      → erweiterte Geldmengen werden also auch durch das Verhalten der Einleger und der Banken beeinflusst.
    - ➢ Somit kann die EZB die Geldmenge nicht vollständig kontrollieren
      → Die Steuerung ist nicht genau weil sie nur die Geldbasis steuern kann

30 Geldmengenwachstum und Inflation

- Inflation ist einerseits eine *Preissteigerung von Gütern und Dienstleitungen* und andererseits eine *Geldentwertung.* (Wenn sich das Preisniveau erhöht, dann fällt der Wert des Geldes)
- Geldmenge wird von der EZB beeinflusst (Offenmarktgeschäfte)
- Nachfrage nach Geld ist durch die Transaktionen (Zahlungen) die wir machen bestimmt; Zahlungen hängen vom Preisniveau ab.
  → wenn das Preisniveau steigt, brauchen wir mehr Geld für Zahlungen und somit steigt die Geldnachfrage
- Umlaufgeschwindigkeit des Geldes (V) & Quantitätsgleichung:
  (M= Geldmenge; T= Transaktionsvolumen; P= Preisniveau; Veränderung zwischen den absoluten Preisniveaus= Inflationsrate)
  - $V = \frac{T}{M}$; $M * V = T$
  - $T = P * Y$ (Y= reales BIP; P * Y= nominales BIP)

  - $M * V = P * Y$ → Quantitätsgleichung
    V= konstant; Y= von außen festgelegt
    → es gilt: Wenn die EZB die Geldmenge schneller erhöht als Y zunimmt, erhöht sich das Preisniveau

  Quantitätstheorie besagt, dass die verfügbare Geldmenge das Preisniveau bestimmt und dass die Wachstumsrate der Geldmenge die Inflationsrate bestimmt!!
  → impliziert, dass Länder mit höherem Wachstum des Geldangebotes höhere Inflationsraten aufweisen & dass in einem Land der langfristige Trend der Inflation dem langfristigen Trend des Wachstums des Geldangebotes entspricht

  - **Wachstum der Geldmenge = Inflationsrate + reales Wirts.wachstum**

- Inflationssteuer (Seigniorage)
  - Staat kann seine Ausgaben dadurch finanzieren, dass er Geld druckt.

- Einnahmen aus dem Drucken von Geld nennt man *Inflationssteuer* oder *Seigniorage*
- Wenn der Staat Geld druckt, erhöht sich das Preisniveau und die Euro-Beträge, die sich in den Brieftaschen befinden, verlieren an Wert.
- Es wird eine „Steuer" auf das Halten von Geld erhoben.

- Inflation & Zinsen:
  - nominaler Zinssatz (i) ist nicht um Inflation bereinigt
  - realer Zinssatz (r) ist um Inflation bereinigt
  - $r = i - \pi$

- Fisher-Effekt:
  - Fisher-Gleichung: $i = r + \pi$
  - $S = I$ bestimmt „r"
  - Anstieg in „π" führt zu einem gleich hohen Anstieg in „i"
  - Realzinssatz bleibt unberührt
    → Dieser Zusammenhang = Fisher-Effekt
- Missverständnis:
  - „Inflation vermindert die Reallöhne"
    → nur kurzfristig, solange Nominallöhne durch Kontrakte fixiert sind
    → langfristig steigen Löhne genauso wie die Preise
- soziale Kosten der Inflation:
  - **Kosten der erwarteten Inflation** (fallen auch bei perfekter Voraussicht der Inflation an)
    1. *Schuhsolen-Kosten:*
       - die Kosten der Unannehmlichkeiten einer kleinen Kasse um die Inflationssteuer zu vermeiden
       - bei unveränderter Ausgabe; häufigere Besuche beim Geldautomaten
         → bei höherer Inflationsrate; höhere Zinssätze bei der Bank (Fisher-Effekt)
    2. *Speisekarten-Kosten (menu costs)*
       - die Kosten der Preisänderung
       - je höher die Inflation desto öfter müssen Unternehmen ihre Preise anpassen
    3. *Variabilität der relativen Preise & Fehlallokationen*
       - wegen der menu costs verändern Unternehmen ihre Preise nur gelegentlich & zu unters. Zeitpunkten
         → führt zu Ineffizienzen in der Allokation von Ressourcen
    4. *Ungerechte Steuern/ inflationsbedingte Steuerverzerrungen*
       - Steuern werden nicht an die Effekte der Inflation angepasst

    5. *Generelle Unannehmlichkeite/ Anpassungskosten*
       - erschwert den Vergleich von Nominalwerten unterschiedlicher Perioden
         → verkompliziert langfristige Finanzplanung
  - **Kosten der unerwarteten Inflation** (fallen zusätzlich zu den Kosten der erwarteten Inflation an, falls falsch vorausgesehen wurde)

- *willkürliche Umverteilung von Vermögen*
  → Voraussicht: i= 3%; Inflation= 2% → r=1%
  was passierte: Inflation= 6% →r=-3%
  (Schulden werden weniger wert)
  →Umverteilung von der Bank zum Schuldner (kein Wohlfahrtsverlust, entweder Pech oder Glück)
  - *erhöhte Unsicherheit*
- Nutzen der Inflation:
  - Inflation erlaubt es, dass die Reallöhne auf das Gleichgewichtsniveau fallen ohne dass die Nominallöhne gekürzt werden
  → Lohn (wage) sinkt nicht gerne; Reallohn sinkt also durch steigende Preise (Inflation) für ein neues Gleichgewicht (**kurzfristige Reaktion**)
- Hyperinflation:
  - Geld verliert die Funktion der Wertaufbewahrung, später dann auch als Recheneinheit und als Tauschmittel
  - Naturalientausch oder Fremdwährung einführen
  - *Grund:* exzessives Wachstum des Geldangebots
    → wenn Zentralbank Geld druckt, steigt das Preisniveau (M x V = P x Y)
    wenn eine Regierung keine Steuern erhöhen oder Schulden aufnehmen kann, muss sie ihre Ausgaben entweder reduzieren oder Geld drucken.
    →um Hyperinflation zu stoppen bedarf es einer drastischen Ausgabekürzung)

→ wenn EZB das Geldangebot stark erhöht, führt das zu einem steigenden Preisniveau
→ Geld ist neutral: langfristig beeinflussen nominale Variablen (Geld) nur nominale Variablen (Preise) und nicht reale Variablen (Output, Realzinsen)
→ nach dem Fisher-Effekt führt eine steigende Inflationsrate zu einem steigenden Nominalzins, sodass der Realzins konstant bleibt